ÉTUDE

SUR LE DIVORCE

EN AUTRICHE

PAR

Charles LYON-CAEN

PROFESSEUR A LA FACULTÉ DE DROIT DE PARIS
ET A L'ÉCOLE DES SCIENCES POLITIQUES

Extrait du *Bulletin de la Société de législation comparée*

PARIS

A. COTILLON ET Cie, ÉDITEURS, LIBRAIRES DU CONSEIL D'ETAT

24, rue Soufflot, 24

1882

ÉTUDE

SUR LE DIVORCE

EN AUTRICHE

PAR

Charles LYON-CAEN

PROFESSEUR A LA FACULTÉ DE DROIT DE PARIS
ET A L'ÉCOLE DES SCIENCES POLITIQUES

Extrait du *Bulletin de la Société de législation comparée*

PARIS

A. COTILLON ET Cⁱᵉ, ÉDITEURS, LIBRAIRES DU CONSEIL D'ÉTAT

24, rue Soufflot, 24

1882

ÉTUDE

SUR LE DIVORCE

EN AUTRICHE.

Une étude sur le divorce en Autriche ne serait ni complète, ni peut-être même intelligible, si elle n'était précédée d'un aperçu de l'histoire de la législation de ce pays relative au mariage en général (1). Le divorce est soumis à des règles qui ont, avec le caractère reconnu au mariage par le législateur autrichien depuis le XVIII siècle, un lien très intime.

Jusque vers la fin du siècle dernier, il n'y eut pas en Autriche de lois civiles sur le mariage. La loi religieuse des époux le régissait ; ainsi l'on appliquait aux catholiques le droit canonique, spécialement les règles posées par le Concile de Trente. Les affaires matrimoniales étaient de la compétence des tribunaux ecclésiastiques. Le pouvoir séculier ne s'était occupé du mariage qu'au point de vue de ses effets pécuniaires.

Sans doute la doctrine des théologiens gallicans, selon laquelle le mariage, étant à la fois un sacrement et un contrat, doit, en cette dernière qualité, être soumis à la loi civile (2), avait pénétré en Autriche. De nombreux auteurs, du moins, l'y avaient soutenue dans leurs ouvrages. Mais, jusqu'en 1783, aucun souverain n'osa entrer en lutte ouverte avec la Cour de Rome en revendiquant le droit, pour le pouvoir séculier, de légiférer sur le mariage.

(1) On peut consulter sur la législation autrichienne relative au mariage es ouvrages suivants :

Dolliner, *OEsterreichische Eherecht und Eheprocess* (1835).

Michel, *Beiträge zur Geschichte des œsterreichischen Eherechts von* 1740-1856.

Harum, *Entwurf des Civilehegesetzes* (1869).

Grasse, *das Eherecht der Juden* (1838).

Rittner, *OEsterreichisches Eherecht* (1876).

(2) Voir sur ce point Pothier, *Traité du contrat de mariage*, nᵒˢ 11 à 28.

L'impératrice Marie-Thérèse se borna à rendre deux ordonnances prononçant la nullité des mariages contractés par des mineurs sans le consentement de leurs parents (1) ou par des officiers de l'armée sans l'autorisation de leurs chefs (2). Ces ordonnances, quelque restreint et secondaire que fut leur objet, n'en provoquèrent pas moins de vives protestations de la part du Saint-Siège ; il n'entendait pas que des empêchements dirimants fussent admis sans son assentiment.

Il fallut un souverain ayant toute l'énergie de Joseph II pour que le pouvoir civil exerçât le droit de faire sur le mariage des lois complètes. Joseph II rendit sur la matière la patente du 16 janvier 1783. Il devait être naturellement amené à s'occuper de cet important sujet en réglementant à nouveau les rapports de l'Église catholique avec l'État. L'ensemble des réformes que fit Joseph II à cet égard constitue tout un système demeuré célèbre sous le nom de *Joséphinisme*. Il eut le mérite de faire prévaloir, le premier en Autriche, les droits du pouvoir séculier contre les empiétements du pouvoir religieux. Mais Joseph II employa souvent, pour arriver à son but, des moyens tracassiers, rigoureux, même violents à l'égard de l'Église. Ainsi il supprima six cents couvents, confisqua leurs biens pour les affecter à des œuvres de bienfaisance, interdit aux ordres religieux d'entretenir des relations avec les pays étrangers et de reconnaître des chefs hors de l'Autriche. Il alla même jusqu'à s'immiscer dans les détails du culte : il défendit de placer des *ex-voto* dans les églises, d'organiser des pèlerinages. Par un grand nombre de mesures de ce genre, Joseph II porta atteinte à la liberté des consciences. Aussi a-t-on pu dire que le Joséphinisme est le père du *Kulturkampf* du nouvel Empire d'Allemagne.

E matière de mariage, Joseph II n'admit aucune règle qui ne fût conforme aux principes de la plus large tolérance. Dans la patente de 1783, il déclara (article 1) que le mariage étant un contrat civil, doit être soumis aux règles posées par le pouvoir séculier ; puis il attribua compétence, pour toutes les affaires matrimoniales, aux tribunaux laïques. Mais Joseph II ne rompit pas brusquement avec les habitudes de ses sujets ; la patente de 1783 consacra presque toutes les règles admises antérieurement en vertu des lois religieuses ; elle fit, par suite, dans une très large mesure, varier les dispositions applicables aux époux avec leur culte. Par exemple, Joseph II reconnut l'empêchement de mariage pour cause d'enga-

(1) 12 avril 1753.
(2) 8 mai 1756.

gement dans les ordres sacrés (article 21) et, tout en admettant le divorce, il proclama le principe de l'indissolubilité du mariage des catholiques (article 36).

La patente de 1783 ne fit donc pas, en réalité, de nombreuses innovations. Elle n'en a pas moins une importance considérable. C'est le premier acte par lequel le pouvoir civil affirma son droit de s'occuper du mariage à tous les points de vue. Malgré de nombreuses tentatives de réaction, ce principe devait être reconnu presque sans interruption (1) jusqu'à nos jours. C'est également la patente de 1783 qui imprima au droit autrichien le caractère distinctif qu'il a conservé : la loi civile régit bien le mariage en Autriche, mais elle s'approprie un grand nombre de dispositions des lois religieuses; et, de cette manière, les époux sont soumis à des règles souvent très divergentes d'après la religion à laquelle ils appartiennent.

Sous le règne de Marie-Thérèse, en 1753, on avait commencé la préparation d'un Code civil. Les travaux préparatoires furent de très longue durée; l'œuvre, commencée en 1753, fut achevée seulement en 1811 (2). Le Code civil ne fit guère que confirmer les règles admises dans la patente de Joseph II. Ce Code ne contient pas de législation uniforme sur le mariage (3). Il s'attache à la religion des époux, et, sous des rapports multiples, mode de célébration, empêchements, causes de dissolution, il pose des règles qui varient avec cette religion. Le Code civil de 1811 alla même plus loin dans cette voie qu'on n'avait été jusqu'alors. Il ne considère pas seulement les différentes confessions chrétiennes; il contient sur le mariage des Israélites des dispositions spéciales qui reproduisent en partie les règles du droit mosaïque (4).

Il est facile d'apercevoir les idées générales qui ont déterminé le législateur autrichien à donner à ses lois un caractère confessionnel.

(1) Nous faisons allusion à la période qui suivit le concordat de 1855 et qui s'est prolongé jusqu'en 1868 (V. ci-après, p. 6).

(2) La première partie du Code civil concernant les personnes et contenant des dispositions sur le mariage, fut publiée en 1786. Elle reproduisait, sauf de légères modifications, la patente de 1783.

(3) Le titre second de la première partie est consacré au mariage; il comprend les articles 44 à 136 et a pour rubrique : *Vom dem Eherechte* (du droit matrimonial).

(4) La patente de 1783 ne contenait pas de dispositions spéciales sur le mariage des Juifs. Après la disparition des tribunaux rabbiniques qui eut lieu en 1783, les tribunaux civils connaissaient des affaires matrimoniales les concernant. Mais les successeurs de Joseph II admirent pour les Juifs l'application de quelques règles du droit mosaïque.

Le mariage est sans doute un contrat que la loi civile doit régir.
Mais, pour assurer au mariage tout le respect dont il doit être
entouré dans une société bien organisée, l'alliance de la loi civile
et de la loi religieuse est nécessaire. Il est du devoir de l'État de
prendre, en quelque sorte, sous sa protection les lois religieuses et
d'en assurer l'exécution. Comme toutes les religions reconnues ont
droit au même respect, la loi civile sur le mariage doit varier avec
le culte des conjoints.

La partie du Code civil (art. 44 à 136) relative au mariage n'est
pas demeurée en vigueur depuis 1811 sans interruption, du moins
pour les époux catholiques. A la suite de la réaction qui éclata en
1849, un concordat fut, en 1855, conclu avec la Cour de Rome. La
patente impériale du 5 novembre 1855 mit ce concordat en vigueur.
Dans son article 10, elle contenait une disposition qui faisait rétro-
grader la législation autrichienne jusqu'au delà du règne de
Joseph II. Il y était dit que les juges ecclésiastiques doivent seuls
juger les procès relatifs au mariage, en se conformant aux saintes
lois de l'Église, spécialement aux décisions du Concile de Trente;
que le juge séculier n'a de compétence que sur les questions relatives aux effets pécuniaires du mariage (1). En exécution de cette
disposition, les règles du Code civil sur le mariage des catholiques
furent abrogées; le droit canonique fut de nouveau introduit en
Autriche et l'on rétablit les tribunaux ecclésiastiques (2).

L'abandon des principes admis depuis plus de soixante-dix ans, ne
devait pas être de longue durée ; il devait cesser avec la cause même
qui l'avait produit. La réaction, commencée en 1849, fit place à un
mouvement libéral qui suivit les défaites militaires éprouvées par
l'Autriche en 1859 et en 1866. Ce grand mouvement devait amener
la rénovation de l'Autriche ; il eut son contre-coup sur ses rapports avec l'Église et, par suite, sur la législation du mariage. Le
gouvernement dénonça le concordat de 1855. Tirant, pour ainsi
dire, les conséquences de cette dénonciation, une loi du 25 mai 1868
remit en vigueur les dispositions du Code civil sur le mariage des
catholiques et rétablit la compétence des tribunaux civils. On en
est ainsi revenu à l'état de choses consacré par le Code civil de

(1) Article 10.
(2) Les règles admises à cette époque se trouvent dans une patente spéciale
sur le mariage des catholiques du 8 octobre 1856 et dans une instruction
adressée aux tribunaux ecclésiastiques annexée à cette patente.
Consulter Schulte, *Erläuterung des Gesetzes über die Ehen der Katholiken in
Œsterreich*, 1857.

1811 (1). Ce Code a pourtant subi, à partir de 1868, quelques modifications assez importantes.

Les lois religieuses sur le mariage diffèrent principalement les
unes des autres au point de vue du mode de célébration et des
causes de dissolution. Aussi est-ce surtout sous ces deux rapports
que la législation autrichienne tient un large compte de la religion
des époux.

D'après le Code civil (art. 75, 123 et suiv.), le mariage doit être
célébré devant le prêtre de la religion des conjoints, quelque
nom qu'il puisse porter, curé, pasteur, rabbin, etc... La nécessité
d'une célébration religieuse a été admise sans aucune restriction
jusqu'en 1868. Mais, depuis lors, la possibilité du mariage civil a
été reconnue dans certains cas exceptionnels.

Il s'en faut que le pouvoir civil se soit approprié sans exception
toutes les dispositions des lois religieuses. Souvent des empêchements admis par ces lois, ne le sont pas par le Code civil. Ainsi le
Code ne reconnaît pas avec l'Église catholique les empêchements
résultant de la parenté spirituelle ; il ne fait pas de la parenté
charnelle et de l'alliance un obstacle au mariage jusqu'à un degré
aussi éloigné que le droit canonique. Avant 1868, la célébration
religieuse était impérieusement exigée. Aussi suffisait-il qu'un empêchement, même rejeté par le Code civil, fût reconnu par la
loi religieuse des futurs conjoints, pour que leur union fut impossible. Il y avait là un résultat contre lequel on avait souvent
protesté depuis Joseph II. En laissant la loi religieuse prévaloir
sur la loi civile, on semblait méconnaître le principe d'après lequel le pouvoir séculier seul a le droit de légiférer sur le mariage.
La loi du 25 mai 1868 a fait disparaître ce vice de la législation :
elle a décidé que dorénavant, quand il serait constaté que le prêtre
refuse de procéder à la célébration du mariage à raison d'un
empêchement reconnu par la loi religieuse seule, cette célébration
pourrait être faite par un fonctionnaire public. Il y a alors ce que
les Allemands appellent un mariage civil nécessaire (*Nothcivilehe*).

En 1870, un nouveau cas de mariage civil a été admis. Les lois
constitutionnelles de 1867 ont reconnu le droit pour tous les
citoyens de changer librement de religion, d'abandonner même
celle dans laquelle ils sont nés, sans en adopter aucune autre à la

---

(1) La législation autrichienne sur le mariage comprend, outre les dispositions du Code civil, le décret du 23 août 1819 sur la procédure à suivre dans
les affaires de mariage, les lois du 25 mai 1868 et du 9 avril 1870, qui sont
cités ci-après et un grand nombre de lois et d'ordonnances spéciales.

place ; elles ont déclaré que les droits civils sont indépendants des croyances religieuses. Avec le système absolu du Code civil sur la célébration du mariage devant le prêtre, ces principes n'étaient pas observés. Les personnes n'appartenant à aucune religion reconnue, étaient dans l'impossibilité de se marier. Une loi du 9 avril 1870 a autorisé le mariage civil dans le cas où les époux déclarent ne pas appartenir à un culte reconnu (1).

Le mariage civil est donc pratiqué en Autriche, mais il n'y existe qu'à titre d'exception.

C'est surtout au point de vue du divorce que le caractère confessionnel de la législation civile autrichienne sur le mariage a des conséquences importantes et curieuses. La question du divorce n'a pas été résolue de la même manière pour toutes les personnes soumises au Code civil. Conformément aux principes posés par Joseph II, le divorce est admis pour les non-catholiques ; mais, pour les catholiques, le mariage est indissoluble. Ce n'est pas tout, les causes de divorce varient avec la religion des époux non catholiques et la procédure à suivre pour divorcer dépend même, dans une certaine mesure, de leur culte.

La règle d'après laquelle le mariage peut ou ne peut pas être dissous par le divorce, selon que les époux appartiennent ou non à la religion catholique, est, en apparence, d'une grande simplicité. Elle serait, en effet, fort simple, si les deux époux appartenaient toujours au même culte et conservaient pendant toute la durée de leur union celui qu'ils professaient lors de la célébration du mariage. Mais la diversité des religions des époux, les conversions religieuses fréquentes en Autriche, produisent des hypothèses assez compliquées. Quand elles se réalisent, il pourrait être difficile, en l'absence de textes, de décider si le divorce est ou non admissible. Afin d'éviter les difficultés, le législateur a dû prévoir un assez grand nombre de cas. Il serait impossible de juger le droit autrichien sur le divorce sans parcourir au moins les principaux d'entre eux.

Pour déterminer quelles personnes ont ou non le droit de divorcer, il faut distinguer jusqu'à trois classes différentes de mariages :

1° *Mariages dans lesquels les époux ayant la même religion lors de la célébration, l'ont conservée au moment où ils veulent divorcer ;*

2° *Mariages dans lesquels les époux ayant un même culte lors de la célébration, l'ont quitté tous les deux pour embrasser une religion nouvelle ;*

3° *Mariages mixtes.*

____

(1) On appelle ces personnes *confessionslos.*

Il importe de considérer séparément chacune de ces trois catégories de mariages :

1° *Mariages dans lesquels les époux ayant la même religion lors de la célébration, l'ont conservée au moment où ils veulent divorcer.*

Ce cas est de beaucoup le plus simple. Le divorce est admis pour les non-catholiques (art. 115, 133 et s., C. civ.); le mariage des catholiques ne se dissout que par la mort (art. 111); ceux-ci ont seulement la ressource de la séparation de corps qui est soumise aux mêmes règles pour les conjoints de tous les cultes (C. civil, art. 103 et suiv.)

CAUSES DE DIVORCE. — Quelles sont pour les non-catholiques les causes de divorce ? Le Code civil a fait à cet égard une grande distinction entre les Chrétiens non-catholiques et les Israélites. La loi du 9 avril 1870 a assimilé aux premiers les personnes n'appartenant à aucune religion reconnue.

Pour les chrétiens non-catholiques, les causes de divorce énumérées limitativement par le Code civil (art. 115) sont au nombre de six.

Il y a d'abord l'adultère. Le Code civil ne fait pas plus que le Code pénal de différence entre la femme et le mari; il n'exige pas pour ce dernier qu'il y ait eu entretien d'une concubine dans la maison commune (1).

Une difficulté est née des termes assez obscurs de la loi. L'article 115 qui énumère les causes de divorce commence en ces termes : « Les époux chrétiens non-catholiques peuvent, *d'après* « *leurs idées religieuses*, demander le divorce pour des causes « graves. Ces causes sont les suivantes : etc... »

Des auteurs, s'appuyant sur les termes du Code : les époux peuvent demander le divorce *d'après leurs idées religieuses*, ont prétendu que les Chrétiens non-catholiques n'ont pas nécessairement le droit de divorcer pour toutes les causes énumérées dans l'article 115 ; mais que, dans chaque espèce, le juge doit rechercher si la cause de divorce alléguée et admise par cet article, l'est aussi par la loi religieuse des époux. Par suite, ces auteurs soutiennent que, comme la loi religieuse des Grecs non-unis ne permet à la femme de demander le divorce pour adultère du mari, qu'autant qu'il y a entretien d'une concubine dans la maison commune, cette circonstance aggravante est indispensable pour que les tribunaux civils autrichiens aient le pouvoir de prononcer le divorce entre

---

(1) Les opinions sont divisées sur la question de savoir s'il faut qu'une condamnation pénale pour adultère ait précédé la demande en divorce.

Grecs non-unis. Mais cette opinion ne triomphe pas. Selon la doctrine la plus générale, quand la loi déclare que les époux peuvent divorcer d'après leurs idées religieuses pour les causes suivantes, elle veut seulement indiquer le motif de la règle qu'elle pose. Le chrétiens non-catholiques peuvent divorcer, parce que leur loi religieuse admet le divorce; mais ils ont la faculté de le faire pour toutes les causes que le Code civil énumère.

La seconde cause de divorce est la condamnation de l'un des époux, pour crime, à une peine atteignant au moins cinq ans d'emprisonnement. Le Code civil s'attache à la fois à la nature de l'infraction et à la gravité de la peine prononcée. Par conséquent, l'admission soit d'une excuse, soit des circonstances atténuantes peut, en faisant abaisser la peine au-dessous d'un emprisonnement de cinq ans, entraîner l'exclusion du divorce.

Le divorce peut être demandé, en troisième lieu, lorsque l'un des époux a délaissé l'autre avec intention. On comprend, sous le nom de délaissement intentionnel, outre l'abandon proprement dit, le fait par le mari de refuser de recevoir sa femme ou le fait par la femme de refuser d'habiter avec son mari.

Quand l'abandon intentionnnel est constaté, le divorce ne peut toutefois pas être prononcé immédiatement, si l'époux non présent n'a pas de résidence connue. On peut supposer qu'un grave empêchement met obstacle à son retour. Pour le mettre en demeure de revenir ou de donner au moins de ses nouvelles, on doit remplir les formalités de publicité prescrites pour assigner les personnes qui, citées en justice, ne comparaissent pas. C'est seulement un an après ces formalités que, si l'époux absent ne se présente pas ou s'il ne déclare pas qu'il est prêt à reprendre la vie commune, le jugement de divorce peut être rendu.

Comme quatrième et cinquième causes de divorce, viennent les attentats mettant en danger la vie ou la santé d'un époux, puis les sévices répétés. De simples injures ne sont pas prises en considération.

La sixième cause de divorce a un caractère qui la distingue profondément des précédentes. Elle ne suppose plus la faute de l'un des conjoints; elle est invoquée à la fois par les deux époux. Les époux peuvent demander simultanément le divorce quand il existe entre eux une aversion invincible. Il y a là une sorte de divorce pour incompatibilité d'humeur ou par consentement mutuel. Le législateur a voulu éviter aux époux, dans leur intérêt et dans celui de la famille, la nécessité d'alléguer en justice des faits honteux pour l'un d'eux. Mais on a craint par là d'ouvrir la porte à un trop grand nombre de divorces. La loi a cherché à empêcher que les époux ne pussent demander le divorce sans avoir mûrement réfléchi et ne pussent l'obtenir sans avoir fourni une certaine preuve de leur aversion. Dans ce but, il est prescrit au juge de ne pas prononcer immédiatement le divorce quand les époux sont d'accord pour le demander. Il doit tout d'abord décider qu'ils seront séparés de corps pendant un temps déterminé (1). A l'expiration du temps fixé, si les époux persistent à demander le divorce, le juge peut, suivant les circonstances, ou le prononcer, ou soumettre les parties à l'épreuve d'une nouvelle séparation de corps temporaire.

Dans les législations qui admettent le divorce pour incompatibilité d'humeur, on a parfois eu recours à un moyen tout opposé à celui qu'emploie le droit autrichien, afin d'avoir la preuve de l'aversion des époux et de leur intention bien arrêtée d'arriver à la dissolution du mariage par le divorce. D'après l'ancienne loi civile d'un canton de la Suisse, quand les époux étaient d'accord pour demander le divorce, le juge, loin de prononcer d'abord une séparation de corps temporaire, ordonnait qu'ils seraient enfermés dans une tour pendant un certain temps ; que là, ils vivraient dans une même chambre, ayant une seule chaise, une seule assiette, un seul couvert et un seul lit. Le divorce n'était prononcé qu'autant qu'après cette épreuve, les époux persistaient à le demander.

Pour les Israélites, le divorce est admis d'une façon beaucoup plus restreinte. Les époux peuvent divorcer par consentement mutuel, après avoir été soumis une ou plusieurs fois, selon l'appréciation des juges, à une séparation de corps temporaire. Mais pour les Israélites, la seule cause déterminée de divorce est l'adultère de la femme. Le mari ne peut obtenir le divorce pour aucune autre cause, et la femme ne peut jamais le demander contre son mari (art. 133 et 135 du Code civil).

Il n'est pas sans intérêt d'établir une comparaison entre les causes de divorce et les causes de séparation de corps. La séparation est admise entre les époux de tous les cultes pour des causes plus nombreuses que le divorce et, en cette matière, le juge a une liberté d'appréciation très étendue. La séparation de corps peut, ainsi que le divorce, avoir lieu par consentement mutuel. Le Code civil mentionne, en outre (art. 109), huit causes déterminées de

____

(1) Il a été admis que le tribunal peut se dispenser de prononcer une séparation temporaire lorsque les époux étaient déjà séparés de fait depuis plusieurs années.

séparation de corps. Ce sont d'abord, comme pour le divorce, l'adultère, le délaissement intentionnel, des attentats mettant en danger la vie ou la santé d'un époux. En outre, la séparation peut être demandée :

a) En cas de condamnation d'un époux pour crime. — A la différence de ce qui a lieu en matière de divorce, le Code civil s'attache ici à la nature de l'infraction sans considérer celle de la peine. Quelque peu élevée que celle-ci puisse être, par suite de l'admission soit d'une excuse, soit des circonstances atténuantes, la séparation de corps doit toujours être obtenue dès l'instant où il y a eu condamnation pour crime.

b) A raison de mauvais traitements. — Un seul acte de violence suffit, tandis que, pour le divorce, les mauvais traitements doivent être répétés.

c) Pour injures graves et renouvelées. — Cette cause est absolument exclue en matière de divorce.

d) A raison de la mauvaise conduite de l'un des époux, lorsqu'elle met en danger une partie notable de la fortune du conjoint demandeur ou compromet les bonnes mœurs de la famille. — En vertu de cette cause, la séparation de corps a été prononcée contre des maris qui se livraient à des jeux de bourse ou à de simples jeux de cartes.

e) Enfin, la séparation peut être obtenue, lorsque l'un des conjoints est atteint d'un vice corporel incurable et contagieux. — On désigne, sous cette dénomination, non seulement les vices de constitution ou les blessures, mais encore les maladies. Peu importe, du reste, que la maladie, la blessure, le vice de constitution, proviennent de la faute de l'époux ou soient le résultat d'un événement indépendant de sa volonté. Il y a là une évidente exagération. Le législateur autrichien ne s'est pas fait du devoir d'assistance des conjoints, une idée assez élevée.

Selon la doctrine générale des auteurs et la jurisprudence, l'énumération des causes de séparation, faite par le Code, est purement énonciative. Le juge peut prononcer la séparation à raison de faits non prévus par la loi, pourvu qu'il leur reconnaisse une gravité égale à celle des causes que le Code mentionne. Ainsi, la séparation a été admise à raison de l'impuissance d'un époux survenue après le mariage, à raison de l'épilepsie dont un conjoint était atteint, bien que le caractère contagieux et incurable de cette maladie soit vivement contesté.

Revenons maintenant au divorce en parlant d'une seconde catégorie de mariages.

2° Mariages dans lesquels les époux ayant la même religion lors de la célébration, se sont tous deux convertis à une religion nouvelle.

Le législateur autrichien aurait peut-être pu adopter une règle générale, en considérant, dans tous les cas, pour déterminer si le divorce est possible, la religion des époux soit au moment de la célébration, soit à celui où le divorce est demandé. Mais il n'a consacré d'une façon absolue ni l'un ni l'autre de ces principes. Le Code civil distingue : il se peut que deux époux non-catholiques se soient convertis au catholicisme ou qu'à l'inverse d esépoux catholiques, lors de la célébration, aient cessé de l'être.

Dans le premier cas le mariage est indissoluble. Par suite de leur conversion, les époux sont catholiques au moment où ils pourraient vouloir divorcer ; le mariage d'un catholique ne peut, en principe, être dissous que par la mort (Code civil, art. 111).

Dans le second cas, la religion que professaient les époux lors de la célébration est seule considérée. Le mariage a été contracté sous la loi de l'indissolubilité ; aucune conversion ne peut y soustraire les conjoints. Le législateur autrichien paraît avoir redouté des changements de religion intéressés, motivés par le seul désir de rendre dissoluble par le divorce un mariage qui ne l'était pas dès l'origine (art. 111, C. civil). A cette solution se rattache une grave question vivement discutée en Autriche.

Jusqu'en 1867, la règle posée par le Code civil pour le cas d'abandon de leur religion par des époux catholiques était certainement demeurée en vigueur. Mais, depuis lors, on a soutenu qu'elle a été abrogée tacitement par les lois constitutionnelles de 1867, et qu'actuellement des époux catholiques lors du mariage peuvent divorcer quand ils quittent leur culte primitif.

En faveur de l'abrogation de la règle dont il s'agit, on invoque les grands principes de droit public proclamés par les lois constitutionnelles de 1867. Ces lois garantissent la liberté de conscience ; elles reconnaissent la faculté à chacun de changer de religion selon son gré ; elles admettent qu'après une conversion on cesse d'être tenu des obligations attachées au culte auquel on appartenait antérieurement, et que la jouissance des droits civils est indépendante des croyances religieuses (1). La disposition du Code civil qui défend aux catholiques de divorcer même après qu'ils ont cessé de

---

(1) Voir art. 14 et 15 de la loi du 21 décembre 1867 sur les droits généraux des citoyens et loi du 25 mai 1868 sur les rapports des citoyens entre eux au point de vue religieux.

l'être, par cela seul qu'ils l'étaient lors de la célébration du mariage, est, dit-on, inconciliable avec ces grands principes du nouveau droit public; elle a été tacitement abrogée par eux.

Cette opinion, bien qu'elle ait été une fois adoptée par le tribunal d'appel de Vienne (1), n'a pourtant pas triomphé. La jurisprudence (2) et, avec elle, la majorité des auteurs (3), reconnaissent que la règle posée par le Code civil est toujours en vigueur, que depuis 1867, comme antérieurement, la conversion des époux catholiques ne peut rendre dissoluble un mariage qui ne l'était pas lors de sa célébration. Une telle doctrine, dit-on, présenterait de très graves dangers. D'ailleurs, la loi du 25 mai 1868, qui, après la dénonciation du Concordat de 1855, a remis en vigueur pour les catholiques les dispositions du Code civil sur le mariage, n'a nullement excepté celle qui reconnaît l'indissolubilité par cela seul que les époux sont catholiques lors de la célébration. Il se peut que cela soit en contradiction avec les principes du droit public posés par les lois constitutionnelles. Mais il ne faut pas se méprendre sur la portée et la force de ces principes. Le législateur doit s'y conformer dans l'avenir; ils n'ont pas la force d'abroger une loi ancienne qui leur est contraire. Leur valeur est purement théorique; leur application est subordonnée au vote de lois destinées à assurer leur exécution.

Un cas un peu plus compliqué que le précédent n'a pas été prévu par le Code civil et a causé quelque divergence entre les auteurs. Il se peut que des époux non catholiques lorsqu'ils se sont mariés, le soient devenus tous les deux et qu'ensuite ils aient quitté le catholicisme, soit pour reprendre leur religion primitive, soit même pour embrasser un culte tout différent. En pareil cas, le divorce est-il possible? On a soutenu que, par cela seul que les époux ont été catholiques dans l'intervalle de temps qui a séparé la célébration de la demande de divorce, leur mariage est à tout jamais indissoluble (4). Mais cette solution rigoureuse est généralement repoussée (5). On peut dire ici, comme le font les textes du droit romain, dans une matière différente : *Media tempora non nocent*. Le Code civil considère la religion qu'ont professée les époux, soit quand ils

____

(1) Arrêt du 26 janvier 1875.

(2) Arrêt du tribunal d'appel de Prague du 18 novembre 1876 confirmé par arrêt de la Cour suprême de Vienne.

(3) Rittner, *Œsterreichisches Eherecht*, p. 152; Fuchs, *das Ehehinderniss des bestehenden Ehebandes*, p. 21.

(4) Dolliner, *op. cit.*, IV, p. 205.

(5) Rittner, *op. cit.*, p. 344.

se sont mariés, soit quand ils veulent divorcer; mais il fait toujours abstraction du culte auquel ils ont pu appartenir temporairement durant le délai intermédiaire.

Il ne nous reste plus à parler que des mariages d'une troisième sorte.

3° *Mariages mixtes.*

Un mariage peut être mixte dès l'origine parce que, lors de la célébration, les conjoints appartenaient à deux religions différentes. Un mariage peut aussi devenir mixte après coup; cela se produit quand la conversion d'un des époux fait cesser la communauté de leur culte.

Par cela seul que l'un des époux est catholique quand le mariage a lieu, le divorce est impossible (art. 111, Code civ.). Il le demeure après même que le conjoint catholique a cessé de l'être. C'est du moins là l'opinion qui prévaut. Car la conversion d'un seul des époux donne lieu, depuis les lois constitutionnelles de 1867, à la même controverse que celle des deux conjoints.

Il peut se faire que, les deux époux étant non catholiques lors du mariage, l'un d'eux le devienne. A l'origine, le mariage était dissoluble par le divorce. Continue-t-il à l'être, quoique le catholicisme ait été embrassé par un conjoint? Le Code civil (art. 116) résout la question par une distinction.

Le droit de demander le divorce est perdu pour celui des époux qui s'est converti au catholicisme; un catholique ne peut divorcer. Mais la faculté d'obtenir le divorce est conservée à l'autre conjoint (art. 116, Code civil); il est demeuré étranger à la religion catholique, et le fait de la conversion d'un époux ne peut faire perdre à l'autre le droit de divorcer, qui existait pour celui-ci au moment de la célébration du mariage. Il va, du reste, de soi que, dans un cas de ce genre, le divorce ne peut avoir lieu que pour une cause déterminée; le divorce pour cause d'aversion invincible suppose le consentement réciproque, et le conjoint devenu catholique ne peut pas plus consentir à divorcer que former une demande judiciaire de divorce.

En général, lorsque le divorce est obtenu, chaque époux a la liberté de se remarier de son côté. Une ordonnance du 4 août 1814 l'a restreinte beaucoup pour le cas où le divorce a été prononcé entre deux conjoints, dont l'un est devenu catholique après le mariage. Celui-ci, quoique son mariage soit dissous, ne peut pas se remarier avant la mort de son conjoint divorcé. Cet empêchement spécial de mariage est connu en Autriche sous le nom de « empêchement de mariage du catholicisme (*Ehehinderniss des*

Katholicismus) ». Le conjoint catholique se trouve dans cette situation singulière et intolérable de ne plus être marié et de ne pouvoir pas cependant contracter une nouvelle union.

Ces règles reçoivent une exception notable quand les deux époux étaient Israélites en se mariant et que l'un d'eux est devenu catholique. Celui-ci conserve alors le droit de divorcer qu'il avait avant sa conversion ; en outre, il peut se remarier avant la mort de son conjoint (art. 136, C. civ.). Il y a là une faveur faite au non-chrétien qui devient catholique. On voit bien, dans ce cas, que le législateur n'a pas conservé à l'égard des différents cultes l'impartialité absolue qui constitue l'un de ses premiers devoirs.

Après avoir examiné quels mariages sont ou non dissolubles par le divorce, quelles causes permettent de l'obtenir, il reste, pour donner une idée complète du droit autrichien, à exposer la procédure du divorce et à déterminer ses effets. Mais ces deux points sont relativement secondaires. D'ailleurs, ce qui caractérise surtout la législation autrichienne, ce sont les solutions différentes qu'elle donne à la question du divorce selon la religion des époux. Le caractère confessionnel du droit autrichien en cette matière a donné souvent lieu à de vives critiques et provoqué plus d'une fois des projets de réforme législative qui jusqu'ici n'ont pu aboutir. Nous devons, avant d'arriver à la procédure et aux effets du divorce, indiquer les principaux projets, exposer les vices les plus graves qu'on peut reprocher au Code civil autrichien.

Le pouvoir civil a seul en Autriche le droit de faire des lois sur le mariage. On ne saurait pourtant dire que le mariage y est sécularisé et constitue un contrat purement civil, puisque, pour le réglementer, le législateur a tenu compte des différentes lois religieuses. Il a été à plusieurs reprises question d'admettre la sécularisation complète du mariage, en faisant une loi uniforme pour tous les cultes. Sans parler de projets anciens qui remontent au règne même de Joseph II (1) et à la Révolution de 1848 (2), en 1869, une commission spéciale de la Chambre des députés du Reichsrath avait préparé une loi sur le mariage. Il admettait d'une façon absolue le mariage civil et le divorce sans distinction de cultes. Le rapport avait été déposé. La dissolution de la Chambre des députés empêcha ce projet d'être même discuté.

(1) Voir ce point Rittner, *op. cit.*, p. 23.
(2) Le Reichstag de Kremsier avait rédigé un projet sur les droits du peuple autrichien. Le mariage civil obligatoire y était admis. Ce projet ne fut jamais discuté.

En 1874, une commission chargée de préparer une loi sur le mariage fut instituée. Deux ans s'étaient écoulés sans qu'elle eut soumis à la Chambre aucun travail. Plusieurs députés libéraux se décidèrent alors à saisir eux-mêmes la Chambre d'une proposition de loi. Celle-ci ne faisait pas une réforme radicale. Elle ne sécularisait pas absolument le mariage; elle corrigeait seulement quelques dispositions de la législation sur le divorce. Elle n'admettait pas le divorce des catholiques; mais elle reconnaissait la liberté du divorce pour les époux qui avaient quitté le catholicisme; elle admettait le divorce, dans les mariages mixtes, au profit du conjoint non-catholique, quand même l'autre époux était catholique lors de la célébration. Enfin, en cas de mariage mixte, il était permis au conjoint catholique de se remarier immédiatement. Cette proposition avait été restreinte à des limites étroites; on espérait ainsi en assurer le succès. Elle fut cependant repoussée tout d'abord. Reprise par la commission elle-même, elle fut votée par la Chambre des députés le 10 février 1876, à la majorité de 101 voix contre 52. Mais, après de longs débats, la proposition échoua devant la Chambre des seigneurs; 57 voix contre 32 la rejetèrent au mois de février 1877. La Chambre haute passa à l'ordre du jour en déclarant qu'il y avait lieu d'attendre la présentation par le gouvernement d'une loi complète sur le mariage. Ce résultat négatif était dû à une coalition de deux partis extrêmes. L'un, composé de catholiques, entend, puisqu'on ne peut plus revenir en arrière, que, du moins, on ne marche pas en avant, et que la faveur accordée sous plusieurs rapports par le Code civil au catholicisme et à ses idées, demeure intacte. Les autres sont partisans des réformes, mais ils veulent tout ou rien; à des modifications partielles du droit civil ils préfèrent le maintien du *statu quo*. Ils espèrent, en effet, que les inconvénients de la législation actuelle finiront par apparaître tellement à tous les yeux qu'on sera amené à la sécularisation complète du mariage et à l'admission du divorce même pour les catholiques.

Depuis 1877, la question de la réforme de la législation du mariage n'a plus été portée devant les Chambres. Il est facile d'en apercevoir les raisons. D'un côté, les tendances du cabinet de Taaffe constitué en 1879 sont favorables au catholicisme; il ne voudrait pas faire des innovations qui auraient pour conséquence nécessaire de restreindre le nombre des cas dans lesquels le mariage est indissoluble et peut-être d'admettre le divorce pour les catholiques. D'un autre côté, le parti libéral et constitutionnel, qui, seul, désire vivement la sécularisation complète du mariage, est en minorité dans les deux Chambres depuis 1879, et toute proposition présentée par les membres de ce parti, pour y parvenir, serait certainement rejetée.

Cependant, il y a là une réforme qui s'impose et qui ne peut être qu'ajournée à un court terme. La législation autrichienne sur le mariage en général et spécialement sur le divorce, est vicieuse à plus d'un point de vue ; elle a produit des inconvénients que personne ne peut sérieusement contester.

Cette législation, dont la base a été posée par Joseph II, est surannée. Elle ne se trouve pas en accord avec les principes consacrés par les lois constitutionnelles de 1867. Elle semble heurter de front la grande règle selon laquelle les droits civils sont indépendants des croyances religieuses. Dans un pays aussi divisé que l'est l'Autriche au point de vue des nationalités, il serait à désirer que le législateur fît tout ce qui est en lui pour atténuer une autre cause de division, celle qui provient de la diversité des cultes; les lois sur le mariage et le divorce contribuent à les accentuer; elles empêchent que les personnes soumises au Code civil sentent qu'ils sont bien les citoyens d'un même État.

Ce n'est pas à ce point de vue seul que les dispositions de la législation autrichienne sont en contradiction avec les principes du nouveau droit public. La liberté des conversions religieuses, qui est une dépendance de la liberté de conscience, est reconnue par les lois constitutionnelles. Or, elle semble impliquer que chacun se convertissant librement, pourra tirer de son changement de religion tous les avantages possibles, qu'après la conversion, on ne tiendra aucun compte de la religion primitive du converti. Le législateur n'a pas le droit de rechercher les motifs des conversions. Celui qui change de religion ne doit compte des raisons qui l'ont déterminé qu'à sa conscience. La loi autrichienne méconnaît ces idées élémentaires, en prohibant le divorce des époux qui, cathoques lors de la célébration de leur mariage, ont cessé de l'être. Elle montre de plus par là, à l'égard du catholicisme, une faveur contraire à l'égalité de tous les cultes reconnus. Au lieu de considérer, d'après un système uniforme, la religion des époux, soit lors de la célébration, soit lors de la demande en divorce, elle s'attache à l'un ou à l'autre de ces moments, selon que cela est plus favorable à la doctrine catholique de l'indissolubilité du mariage.

Il serait assurément fort intéressant de connaître quel est le nombre des divorces ou des séparations de corps demandés ou prononcés, dans les dernières années, en Autriche et de savoir pour

quelles causes les demandes ont été formées. Malheureusement, il n'es
pas publié de statistique judiciaire. Cette lacune va être comblée.
Une circulaire du ministre de la justice, du 22 juillet 1881 (1) prescrit
aux tribunaux de dresser une statistique des divorces et des séparations, à partir du 1ᵉʳ janvier 1882. Mais si les résultats statistiques
de la législation de l'Autriche sont inconnus, du moins peut-on
signaler un résultat pratique très fâcheux de son caractère confessionnel. Dans un pays où la loi n'est pas la même pour tous les
citoyens, elle est moins généralement respectée que là où il n'y a
qu'une loi unique. L'indissolubilité du mariage pèse à bien des
époux dans les pays où elle est admise sans distinction de culte.
En Autriche, elle paraît intolérable à un très grand nombre de
conjoints catholiques qui, à côté d'eux, voient des concitoyens
divorcer librement, en vertu du même Code civil qui les retient,
malgré eux, dans les liens du mariage. Aussi, depuis plusieurs
années, de nombreux catholiques autrichiens usent de moyens
détournés pour obtenir la dissolution de leur mariage, et contracter ensuite une union qu'ils espèrent devoir être plus heureuse
que la première. Afin d'atteindre ce but, les époux catholiques
recourent à des conversions religieuses, à des changements de
nationalité ou de domicile et obtiennent des tribunaux ecclésiastiques protestants de Transylvanie, des arrêts prononçant leur
divorce. Aussi, dans l'usage, les seconds mariages, contractés après
toutes ces manœuvres, sont appelés mariages transylvaniens (*sie-
benbürgische Ehen*) (2).

Comment donc les époux catholiques autrichiens s'y pren-
nent-ils pour parvenir à divorcer et à se remarier? Ils commen-
cent par se séparer de corps en Autriche, soit par consentement
mutuel, soit pour cause déterminée. Ensuite, ils se convertissent
au protestantisme, se font naturaliser Hongrois ou établissent seulement leur domicile en Hongrie; puis ils font transformer leur
séparation de corps en divorce par les tribunaux ecclésiastiques
protestants de Transylvanie, et ils se remarient soit en Hongrie,
soit en Autriche, à Vienne même où un pasteur est délégué *ad hoc*
par l'autorité ecclésiastique protestante (3).

(1) Voir une analyse de cette circulaire dans les *Juristische Blätter* de Vienne
(numéro du 6 novembre 1881).

(2) On les appelle aussi parfois *Klausenburger Ehen* (mariages de Klausenbourg), parce que les tribunaux ecclésiastiques protestants qui prononcent
le divorce ont leur siège à Klausenbourg.

(3) Il va de soi que les époux autrichiens catholiques pourraient se faire
naturaliser dans un autre pays que la Transylvanie, y divorcer et se remarier;

Les choses ne se passent pas toujours de cette manière. Les deux époux ne participent pas toujours à ces divers actes. Le plus souvent c'est un seul des conjoints catholiques qui, après une séparation de corps, embrasse le protestantisme, fixe son domicile en Hongrie, ou même se fait naturaliser Hongrois et y obtient un arrêt de divorce pour pouvoir se remarier. L'arrêt de divorce est la plupart du temps rendu sans même que l'autre époux ait été entendu ou appelé dans l'instance.

Les seconds mariages ainsi contractés sont-ils valables? Il y a assurément à faire bien des distinctions selon les espèces. Mais il s'en faut que la solution à donner soit toujours certaine; il y a là des problèmes de droit international très difficiles, qui méritent de faire l'objet d'une étude spéciale (1). Les auteurs et les tribunaux sont loin de s'accorder sur la manière de les résoudre. Il plane, par suite, une grande incertitude sur le sort de ces mariages et sur la condition des enfants qui en sont nés. Cette incertitude est d'autant plus fâcheuse que, dans ces dernières années, il y a eu de nombreux mariages transylvaniens. Il y avait, dit-on, à Vienne, en 1879, plus de 400 personnes remariées dans ces conditions; il y en a aussi à Prague, à Graz et dans les principales villes de l'Autriche. Des fonctionnaires publics même ont contracté des seconds mariages de ce genre. Seulement, afin de ne pas perdre leurs fonctions, ils ont dû se borner à établir leur domicile en Hongrie, sans acquérir la nationalité hongroise.

Des agents d'affaires spéciaux guident les époux catholiques dans les démarches à faire pour arriver à contracter des mariages transylvaniens. Ils ont même quelquefois fait appel par voie d'annonces aux personnes qui peuvent désirer recourir à leurs bons offices. Un de ces agents matrimoniaux, d'un nouveau genre, faisait publier dans le numéro du 22 décembre 1878, du *Neues Wiener Tagblatt*, l'annonce suivante : « Un spécialiste indique dis- « crètement aux époux catholiques séparés de corps la voie légale « à suivre pour se remarier avec d'autres personnes. »

Le mal était parvenu à son comble en 1879. Depuis cette épo-

cela est arrivé quelquefois. Mais différents motifs font préférer la Transylvanie. Elle est très voisine de l'Autriche. Jusqu'en 1879, la naturalisation s'obtenait en Hongrie sans condition de résidence. Enfin ceux qui se font naturaliser Hongrois cessent sans doute d'être Autrichiens; mais ils ont la satisfaction de ne pas devenir étrangers à l'Autriche-Hongrie.

(1) Un article a été consacré par moi aux mariages transylvaniens et aux questions qu'ils font naître, dans le *Journal du droit international privé*, 1880, p. 268 et suiv.

que, le nombre des mariages transylvaniens a, paraît-il, diminué. Cette diminution n'est due ni à une modification de la législation autrichienne, ni à un changement subit dans les sentiments des catholiques autrichiens qui supporteraient maintenant sans chercher à s'y soustraire, l'indissolubilité à laquelle échappent leurs concitoyens des autres cultes. Elle provient d'une nouvelle loi hongroise, du 10 décembre 1879 (1), qui rend la naturalisation plus difficile. Désormais, il n'est plus possible de se faire naturaliser Hongrois sans avoir résidé en Hongrie; une résidence de cinq ans dans le pays est exigée. Les catholiques autrichiens ne pourront plus guère obtenir la nationalité hongroise dans le but de divorcer et de contracter un second mariage; ils devront se borner, pour y arriver, à établir leur domicile en Hongrie. Or, la validité des mariages transylvaniens n'est sérieusement soutenable qu'au cas où ils sont célébrés après un changement de nationalité. Les mariages transylvaniens devraient-ils, du reste, disparaître dans l'avenir, que leur existence dans le passé n'en constituerait pas moins un fait fort curieux à ajouter à tous les faits cités et à tous les arguments produits en faveur de la sécularisation complète du droit autrichien.

Il nous reste à traiter de la procédure de divorce et des effets qu'il produit. Nous nous bornerons à résumer, sur ces deux points, les dispositions des lois autrichiennes.

PROCÉDURE DU DIVORCE — Le caractère confessionnel de la législation autrichienne se manifeste jusque dans la procédure du divorce; celle-ci varie assez profondément selon que les époux sont Chrétiens non-catholiques ou Israélites (2). Le législateur a pris, pour éviter les divorces sans fondement des premiers, des précautions assez nombreuses, et il les a laissées de côté pour les seconds. Il semble qu'avec intention il se soit désintéressé du respect dû au mariage, quand les conjoints sont Israélites.

Procédure du divorce pour les chrétiens non-catholiques. La demande est portée devant le tribunal civil de première instance du domicile du mari (3). Dans les affaires ordinaires, il doit y avoir deux juges et le président; en matière de divorce, la présence de quatre juges et du président est requise (4). Les règles de la procé-

---

(1) La traduction de cette loi faite par M. Cogordan a été insérée dans l'*Annuaire de législation étrangère* de 1880, p. 351 et suiv.

(2) La loi du 25 mai 1870 a assimilé aux premiers, pour la procédure comme pour les causes de divorce, les personnes n'appartenant à aucun culte.

(3) Art. 14, *Civil-Jurisdiction-Norm.*

(4) Art. 49. *a*, *Gerichts-Instruction vom 3* mai 1853.

durée sont, en général, les mêmes que pour la séparation de corps
et les nullités de mariage (art. 115, *in fine*, C. civil et art. 13, Décret
du 23 août 1819).

En Autriche, il n'y a pas, dans les affaires civiles, de ministère
public chargé de représenter et de défendre les intérêts de la
société. Mais, en matière de divorce, on a compris la nécessité de
ne pas laisser les débats se passer exclusivement entre les deux
époux ; le tribunal doit, au début de chaque procès de divorce,
nommer un *defensor matrimonii* (*Vertheidiger des Ehebandes*). Il est,
en général, choisi parmi les avocats. Sa mission consiste à exami-
ner si les faits allégués constituent une cause légale de divorce, si
la preuve en est suffisamment faite et à exprimer sur ces deux
points son opinion au tribunal (1).

Un juge est commis pour entendre les époux. Ils sont sommés,
sous peine d'amende, d'avoir à comparaître devant lui. Leur comparution doit être personnelle ; ils peuvent seulement se faire assister
de leurs avocats. Il y a là une dérogation à une règle générale de la
procédure civile autrichienne selon laquelle la comparution personnelle des plaideurs en justice n'est pas exigée. Devant le juge
commis, chaque partie est admise à prendre successivement la
parole ; il s'engage une véritable discussion entre elles. Un procès-
verbal de leurs dires respectifs est dressé et transmis au tribunal.
Celui-ci peut, s'il est suffisamment éclairé, statuer immédiatement. Il a aussi droit d'ordonner, soit sur la demande d'un des
époux, soit d'office, qu'il sera procédé à une enquête ; elle se fait
devant un nouveau juge commis.

L'aveu et le serment ne sont pas admis comme moyens de
preuve (2). Le tribunal juge sur les procès-verbaux dressés lors de
la comparution et lors de l'enquête. Il n'y a pas de débats publics
et oraux ; le principe de la procédure orale et publique admis
depuis 1873 (3) dans les affaires pénales n'a pas encore pénétré
dans la procédure civile autrichienne (4). Le jugement lui-même
est rendu à huis clos.

Ce jugement est susceptible d'appel conformément aux règles
ordinaires. Il y a pourtant une exception à ces règles pour le *defensor matrimonii*. L'appel est ordinairement facultatif ; il est, au con-

---

(1) Art. 17, *Verfahren in Ehestreitigkeiten ; Hofdekret vom* 23 août 1819.
(2) Cpr. art. 99 et 125 *in fine*, Code civil.
(3) Par le Code d'instruction criminelle de 1873.
(4) La Chambre des députés du Reichsrath est saisie d'un projet de Code de
procédure civile qui admet la procédure orale et la publicité des audiences.

traire, obligatoire pour le *defensor matrimonii* dans le cas où le divorce est prononcé (1).

En appel, comme en première instance, le nombre des magistrats doit être plus grand que dans les autres affaires civiles. En règle générale, il doit y avoir, en appel, quatre juges et le président ; pour statuer sur les demandes de divorce il faut, outre le président, huit magistrats (2).

La décision d'appel n'est pas elle-même rendue en dernier ressort. Elle peut être attaquée devant la cour suprême de Vienne (*oberster Gerichtshof*). En matière civile, cette Cour constitue une juridiction du troisième degré ; sa compétence n'existe pas seulement en cas de violation ou de fausse interprétation de la loi ; elle peut reviser en fait les décisions des juridictions des deux premiers degrés. A propos du pourvoi en revision devant la Cour suprême, on trouve des dérogations aux règles auxquelles cette voie de recours est d'ordinaire soumise. Elle est admise dans des cas où elle ne l'est pas dans les autres affaires civiles et, parfois, elle est obligatoire alors qu'habituellement elle est facultative. Le pourvoi en revision n'est d'ordinaire admissible qu'autant que les décisions des deux juridictions inférieures ne sont pas concordantes. Lorsque l'un des époux plaidant en divorce est catholique, le pourvoi est admis même lorsque ces décisions sont identiques et ont prononcé le divorce (3). Le *defensor matrimonii* est tenu de former le pourvoi. Il y a encore là une disposition de détail qui montre bien que le législateur a été particulièrement préoccupé de mettre à l'abri de toute atteinte le principe catholique de l'indissolubilité du mariage.

Quand les décisions de première instance et d'appel sont divergentes et qu'en appel le divorce a été prononcé, le *defensor matrimonii* est tenu de former le pourvoi en revision. Peu importe alors la religion des époux (4).

Du reste devant la Cour suprême, le nombre des magistrats est le même dans les procès en divorce que dans tous les autres procès civils. Il doit y avoir six juges et un président

Les décisions définitives des tribunaux prononçant le divorce doivent être mentionnées sur le registre des mariages en marge de l'acte de célébration (art. 122, C. civil).

Procédure du divorce entre Israélites. — Dans cette procédure, le législateur a laissé de côté presque toutes les règles spéciales qu'il

(1) Art. 13, décret du 23 août 1819.
(2) Art. 152, *Gerichts-Instruction vom* 3 mai 1853.
(3 et 4) Art. 18, décret du 23 août 1819.

a admises pour les Chrétiens non-catholiques dans le but d'éviter la multiplication excessive du nombre des divorces.

La procédure du divorce entre Israélites varie selon qu'il s'agit d'un divorce pour cause d'adultère de la femme ou par consentement mutuel.

Dans le premier cas, on observe en principe les règles de la procédure civile ordinaire (art. 135, C. civil). Ainsi il n'y a point de *defensor matrimonii;* l'aveu et le serment ne sont pas exclus comme moyens de preuve; les voies de recours sont soumises aux règles du droit commun. Il y a, toutefois, quelques particularités relatives aux formalités à remplir lorsque le tribunal estime que le divorce doit être admis. En ce cas, le tribunal ne prononce pas lui-même le divorce, il autorise le mari demandeur à notifier à sa femme des lettres de répudiation. Les deux époux doivent comparaître devant le tribunal en personne et là, en présence d'un rabbin, le mari remet à la femme l'acte de répudiation, et un jugement constate cette remise. La dissolution du mariage n'a lieu qu'à partir du jour où, avec les formalités requises, l'acte de répudiation a été reçu par la femme (art. 135, C. civil).

Quand il s'agit du divorce par consentement mutuel, avant de porter leur demande devant le tribunal, les parties doivent à trois reprises différentes se rendre devant le rabbin qui leur fait des représentations et cherche à les concilier (art. 133, C. civil). Si ces tentatives de conciliation ne réussissent pas, le rabbin doit délivrer aux parties un certificat qui constate leur insuccès. La demande en divorce est alors seulement recevable devant le tribunal (art. 134, C. civil). Celui-ci, après avoir fait une tentative nouvelle de conciliation, peut, avant de prononcer le divorce, soumettre les époux à l'épreuve d'une séparation de corps temporaire. Si, après cette épreuve, les époux persistent à vouloir divorcer et déclarent qu'ils sont d'accord pour procéder à la remise de l'acte de répudiation, le tribunal fixe un jour où, en sa présence et devant le rabbin, l'acte de répudiation doit être remis par le mari à sa femme. Comme dans le cas de divorce pour adultère, le mariage n'est dissous qu'à partir du moment où la remise de l'acte de répudiation faite avec les formes requises est constatée par un jugement (art. 134, C. civil).

Après avoir déterminé quels mariages sont dissolubles par le divorce, examiné les causes et la procédure du divorce, il n'y a plus qu'à traiter de ses effets.

Effets du divorce. — Le divorce produit des effets quant à la personne des époux, quant à leurs enfants ; enfin il a des conséquences pécuniaires importantes.

Par cela même que, par le divorce, le mariage cesse d'exister pour l'avenir, les époux divorcés ont la liberté de contracter un nouveau mariage.

Ils peuvent d'abord se remarier entre eux. Le Code civil autrichien ne contient aucune disposition analogue à celle de l'article 295 du Code civil. français qui défendait aux époux divorcés, pour quelque cause que ce fût, de se réunir.

Ils peuvent, à plus forte raison, se remarier avec d'autres personnes. En principe, ils le peuvent même immédiatement après le divorce. Le Code civil autrichien n'impose pas aux époux comme le faisait le Code civil français (art. 297) l'obligation d'attendre trois ans après la dissolution de leur mariage, pour se remarier, quand ils ont divorcé par consentement mutuel.

Mais la liberté pour les époux divorcés de se remarier est soumise à des restrictions. Tantôt ils ne peuvent pas contracter un nouveau mariage avec certaines personnes, tantôt ils ne peuvent se remarier avec qui que ce soit pendant un certain temps.

1. Les époux ne peuvent se remarier avec la personne qui a, par un acte illicite, contribué à faire naître la cause du divorce (art. 119, C. civ.). Cela s'applique notamment au complice de l'époux adultère, au complice de l'époux qui a commis des sévices envers son conjoint, à celui qui l'a excité à en commettre, à celui qui a prêté à un époux son assistance pour qu'il délaissât l'autre. Il n'est pas, du reste, nécessaire que les faits reprochés à cette personne constituent des infractions pénales ; mais la preuve de ces faits doit résulter du procès même en divorce ; il ne faut pas que des recherches postérieures portent le trouble dans les familles. Cet empêchement subsiste même après la mort d'un des époux divorcés.

2. L'idée catholique selon laquelle le mariage doit être indissoluble, a fait admettre deux empêchements de mariage qui restreignent la liberté des époux divorcés de se remarier avec d'autres personnes (1).

a) Un époux divorcé ne peut, pendant la vie de son conjoint, se remarier avec un catholique.

b) Lorsque le divorce a été prononcé contre un époux devenu catholique sur la demande de son conjoint resté non catholique, le premier ne peut pas se remarier avec qui que ce soit, tant que le second n'est pas mort.

Le mariage, contracté au mépris des empêchements qui viennent d'être indiqués, est nul.

(1) Décret du 16 août 1814.

3. La femme divorcée ne peut pas toujours se remarier immédiatement. Quand elle est enceinte, il y a lieu d'attendre sa délivrance. Lorsqu'il y a doute sur son état de grossesse, elle ne peut contracter un nouveau mariage qu'après un délai de six mois. Durant ce délai, on sort presque toujours d'incertitude. Si la grossesse est prouvée, le second mariage doit être retardé jusqu'à la délivrance. Si, avant l'expiration de ce délai, il résulte des circonstances (par exemple, la maladie prolongée du mari avant le divorce), ou de l'attestation d'experts, que la grossesse est peu probable, la femme divorcée peut se remarier après trois mois, avec l'autorisation de l'administration (art. 120, Code civil).

Il reste un dernier cas que le Code civil n'a pas prévu expressément, c'est celui où il est certain que la femme divorcée n'est pas enceinte; cela se présente, par exemple, quand la femme est accouchée peu de temps après le divorce. Par cela même que ce cas n'est pas visé par le Code, la femme divorcée peut alors se remarier immédiatement même avec une autre personne que son précédent mari. Les dispositions du Code civil paraissent fondées sur la crainte d'une confusion de part et non sur des motifs de convenance.

Ces dispositions ne sont pas sanctionnées par la nullité du mariage prématuré. Leur sanction consiste, pour la femme, dans la perte de certains avantages pécuniaires; pour le mari, dans la perte d'un droit spécial (art. 121, Code civil).

La femme qui se remarie sans observer l'article 120, perd, en principe, les avantages que son premier mari lui avait fait dans son contrat de mariage, quand même le divorce n'aurait pas été prononcé contre elle; mais elle conserve notamment son droit de succéder *ab intestat* à son premier mari.

Quant au second mari, qui a sciemment épousé une femme divorcée, il est déchu d'un droit spécial. Ordinairement, un mari qui a épousé sans le savoir une femme qui, au moment du mariage, se trouvait enceinte des œuvres d'un tiers, peut demander la nullité du mariage pour cause d'erreur. Ce droit n'appartient pas au mari qui a épousé une femme divorcée enceinte, alors qu'il savait qu'elle avait déjà été mariée, et que les conditions de l'article 120 n'étaient pas remplies (art. 58, Code civil).

Lorsqu'il y a des enfants mineurs, nés du mariage dissous par le divorce, il importe que ce qui concerne leur garde et leur éducation soit réglé. Autant que possible, les parents doivent s'entendre ensemble à cet égard. S'ils s'entendent, le tribunal n'a pas à intervenir. Dans le cas contraire, en principe général, les garçons doi vent être confiés à la mère jusqu'à l'âge de quatre ans, les filles jusqu'à l'âge de sept ans. Après cet âge, la garde des enfants et leur éducation sont remises au père. Toutefois, ces principes ne sont pas absolus. Le tribunal peut toujours s'en écarter, quand il estime qu'il est de l'intérêt des enfants de les confier à l'un ou à l'autre de leurs parents (art. 142, Code civil).

Quant aux frais de l'entretien et de l'éducation des enfants, ils sont supportés après le divorce, comme durant le mariage. A défaut de fortune personnelle des enfants, ces frais sont payés exclusivement par le père; la charge n'en incombe à la mère que quand son mari est dans le besoin (art. 141 et 143, Code civil).

Le divorce a des effets pécuniaires. Ils se produisent à l'égard des deux époux et spécialement à l'égard de celui contre lequel le divorce a été prononcé (1). Les époux ont, en vertu même de la loi, certains droits pécuniaires l'un contre l'autre. De plus, des avantages résultent souvent au profit de l'un d'eux ou de tous les deux, de leurs conventions matrimoniales. Le législateur a dû déterminer ce que deviennent ces droits ou ces avantages, après un divorce.

Les époux perdent, dans tous les cas, le droit de succession *ab intestat* réciproque que leur confèrent les articles 757 à 759 (art. 1266). Dans tous les cas aussi, si les époux avaient adopté le régime de la communauté, il y a lieu à partage, comme en cas de mort.

A tous les autres points de vue, il faut distinguer, selon que le divorce a été admis sur la demande des deux époux, ou prononcé contre l'un d'eux.

Lorsque les époux ont été d'accord pour demander le divorce, tous les avantages que les époux se sont faits, et qui n'ont pas encore reçu leur exécution, sont révoqués. Quand, au contraire, le divorce a été prononcé contre un conjoint, l'autre époux seul conserve les avantages qui lui ont été faits par l'époux coupable, et, il peut, en général, exercer tout de suite ceux des droits qui ne lui ont été conférés que pour le cas de survie (art. 1266) (2).

---

(1) Voir sur ce point l'article 1266 du Code civil.

(2) Nous ne donnons sur les effets pécuniaires du divorce que des notions sommaires. Leur examen complet nécessiterait un exposé développé des régimes matrimoniaux en usage en Autriche et des différentes sortes de libéralités que les époux peuvent se faire entre eux.

Paris. — Imprimerie C. Marpon et E. Flammarion, rue Racine, 26.